# Bale

## Susan Meredith

## Dylunio gan Nickey Butler

Dylunio ychwanegol gan Catherine-Anne MacKinnon

Lluniau gan Shelagh McNicholas

Ymgynghorydd Bale: Nicola Katrak

Addasiad Cymraeg: Elin Meek

# Cynnwys

# Beth yw bale?

Math o ddawnsio yw bale.

Mae dawnswyr bale'n gwneud siapiau a phatrymau hardd â'u cyrff.

# Dawnswyr bale

Mae dawnswyr yn gwneud
i bale edrych yn hawdd, ond
gwaith caled yw dawnsio bale'n dda.

Mae'n rhaid bod yn
gryf i gydbwyso.

Mae angen llawer
o egni i neidio.

Mae'n rhaid plygu i
wneud siapiau.

Ac mae'n rhaid ymarfer
bron bob dydd.

Balerina yw'r enw ar y
brif ddawnswraig bale.

Fel arfer mae dwy
brif seren mewn
bale – balerina
a'i phartner
sy'n ddyn.

Mae'n cymryd
blynyddoedd o
ymarfer i allu
gwneud hyn.

# Adrodd stori

Does neb yn siarad mewn bale ond mae'r dawnswyr yn aml yn adrodd stori wrth symud.

Mae'r gerddoriaeth yn helpu i adrodd y stori hefyd.

Pan fydd y dylwythen deg dda yma'n dawnsio yn *Y Rhiain Gwsg*, mae'r gerddoriaeth yn dawel a soniarus.

Mae'r gerddoriaeth yn gras a brawychus pan fydd y dylwythen gas hon yn dawnsio.

Wrth adrodd stori, mae dawnswyr yn defnyddio arwyddion, o'r enw meim.

Ystyr hyn yw 'Mae ofn arna i'.

Ystyr hyn yw 'Plîs'.

# Camau bale

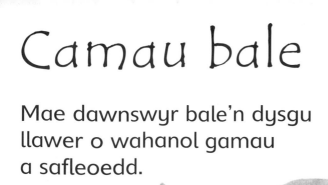

Mae dawnswyr bale'n dysgu
llawer o wahanol gamau
a safleoedd.

Arabésg yw'r enw
ar y safle hwn.

Mae'r merched sy'n dawnsio
bale'n cydbwyso ar flaenau
eu traed.

Brenin o Ffrainc oedd un
o'r dawnswyr bale cyntaf
felly enwau Ffrangeg
sydd ar bob cam bale.

Mae dawnswyr bale'n neidio'n ysgafn ac
yn osgeiddig. Mae rhai'n gallu hollti'r afl yn
yr awyr.

Dilyn y lluniau i weld sut mae gwneud y cam
yma. Pas de chat yw ei enw (cam cath).

# Gwneud bale

I wneud bale newydd, mae rhywun yn penderfynu pa gamau sydd orau i'w rhoi gyda'r gerddoriaeth. Coreograffydd yw'r person hwn.

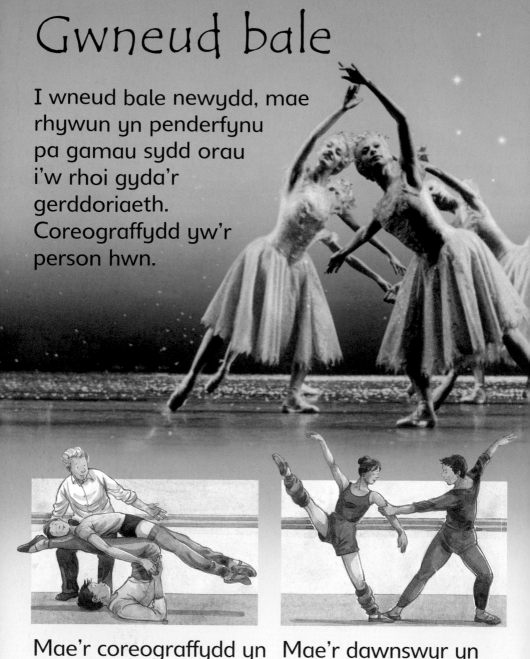

Mae'r coreograffydd yn gweithio ar y camau gyda'r dawnswyr.

Mae'r dawnswyr yn ymarfer eu camau dro ar ôl tro am wythnosau.

Mae'n rhaid i grŵp o
ddawnswyr symud
yn dda gyda'i gilydd.

Wedyn, maen nhw'n
ymarfer yn eu
gwisgoedd ar y llwyfan.

Ar bapur, mae
camau bale'n
edrych fel sgwigls, yr
un fath â cherddoriaeth.

11

# Gwisgoedd

Mae llawer o wahanol fathau o wisgoedd mewn bale.

Mae'r rhan fwyaf o gorff y dawnsiwr hwn wedi cael ei baentio i edrych fel cerflun.

Mae'n gallu cymryd oriau cyn pob sioe i roi'r paent ar y corff.

Mae dawnswyr yn dod i arfer â'r gwisgoedd anodd wrth ymarfer.

Mae'r wisg llygoden fawr hon yn boeth ac yn drwm i ddawnsio ynddi.

Mae'r merched a'r dynion yn gwisgo colur.

Mae'n rhaid iddo fod yn drwchus fel bod eu hwynebau'n amlwg o'r llwyfan.

# Twtwau

Sgert wedi ei gwneud allan o rwydwe ar gyfer bale yw twtw.

Un darn yw twtw. Mae'n rhaid i'r ddawnswraig gamu i mewn iddo.

Mae rhywun yn ei helpu i'w gau. Mae twtwau i fod i ffitio'n dynn.

Mae sgertiau hir yn gwneud i'r dawnswyr edrych yn feddal a gosgeiddig.

Mewn twtw byr,
mae dawnswraig
yn gallu symud ei
choesau'n rhydd.

Rwyt ti'n gallu gweld
y camau'n glir.

Mae'r haenau
o rwydwe'n
gwneud i'r
sgert aros
allan.

Mae dawnswyr yn rhoi
eu twtwau i gadw ben
i waered i gadw'r tu
allan yn lân.

# Esgidiau bale

Mae'r merched sy'n dawnsio'n gwisgo esgidiau arbennig i fynd ar flaenau eu traed.

Esgidiau pointe yw enw'r rhain.

Mae coesau dawnswraig yn edrych yn hirach wrth ddawnsio ar esgidiau pointe.

Gall balerina dreulio un pâr newydd o esgidiau pointe mewn un sioe'n unig.

Mae esgidiau pointe yn anystwyth a gwastad i helpu'r ddawnswraig i gydbwyso.

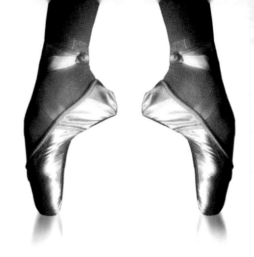

Maen nhw'n gwnïo rhubanau y tu mewn i'w hesgidiau pointe i'w clymu nhw am eu traed.

Gall yr esgidiau fod yn boenus felly mae rhai dawnswyr yn rhoi padiau ar y tu mewn.

Ar y dechrau, mae'n rhaid dysgu cydbwyso ar esgidiau pointe drwy gydio mewn rheilen o'r enw barre.

# Dawnsio mewn parau

Mae merched a dynion sy'n dawnsio'n aml yn dawnsio fel pâr. Pas de deux yw'r enw ar hyn.

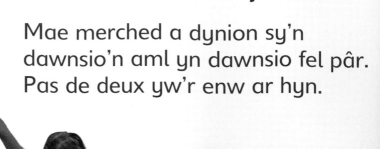

Mae'r dyn yn helpu'r ferch i gydbwyso mewn safle anodd.

Mae'r dyn yn codi'r ferch.

Yna mae e'n ei gostwng hi i safle arall.

Mae'n rhaid i'r ferch fod yn hyderus na fydd y dyn yn ei gollwng hi.

Mae'r dyn yn gwneud iddi edrych fel petai hi'n hawdd ei chodi hi'n uchel.

Mae dynion sy'n dawnsio'n gwneud ymarferion ac yn codi pwysau i fod yn gryf.

# Bywyd dawnsiwr

Mae pob dawnsiwr bale, hyd yn oed y sêr, yn gwneud dosbarth gydag athro bron bob bore.

Mae'r dosbarth yn dechrau gyda llawer o ymarferion twymo wrth y barre.

Yna mae'r dawnswyr yn gwneud camau araf, llyfn i ffwrdd o'r barre.

I gloi, mae pawb yn troi'n gyflym, yn neidio'n uchel ac yn gwneud gwaith pointe.

Ar ôl y dosbarth, mae'r
dawnswyr yn ymarfer.
Efallai byddan nhw'n gwneud
sioe yn y nos hefyd.

Mae'r ddawnswraig hon yn gwrando
ar gerddoriaeth ei chamau hi.
Mae hi'n ymarfer mewn sgert
twtw i ddod i arfer â hi.

Weithiau mae dawnswyr bale'n
gorfod cael eu trin am anafiadau.

# Cyn y sioe

Mae llawer o ddawnswyr yn aml yn gorfod rhannu un ystafell wisgo i baratoi at sioe.

Mae'r ddawnswraig hon yn cadw ei choesau'n gynnes wrth i'r llall ei helpu i wisgo.

Yna, mae'r dawnswyr yn gwneud ymarferion twymo.

Ar yr adeg gywir, mae uchelseinydd yn eu galw i'r llwyfan.

Mae dawnswyr yn rhoi eu hesgidiau pointe mewn powdr o'r enw rosin er mwyn peidio llithro ar y llwyfan.

Mae'r dawnswyr hyn yn aros eu tro ar ochr y llwyfan.

Mae gan y ddawnswraig ar y llawr boen yn ei choes.

# Dysgu bale

Rwyt ti'n dechrau dysgu bale drwy symud
i gerddoriaeth ac efallai actio storïau.

Mae'r athrawes bale'n dweud beth i'w wneud.

Rwyt ti'n troi dy
goesau a'th draed
allan.

Wrth droi dy goesau
allan, mae'n haws eu
codi'n uwch yn yr awyr.

Rwyt ti'n pwyntio blaenau dy draed fel
bod dy goesau'n edrych yn hir. Rwyt
ti'n eu pwyntio nhw hyd yn oed
wrth neidio yn yr awyr.

Mae rhai athrawon yn
trefnu sioeau. Chwarae
rhan lindys y
mae'r merched
hyn.

# Pum safle

Pan fyddi di'n dechrau dawnsio bale, rwyt ti'n dysgu dau brif safle i sefyll ynddyn nhw.

Y safle cyntaf

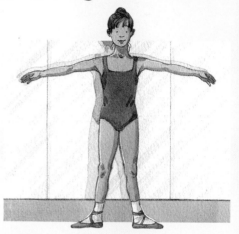

Yr ail safle

Ar ôl i ti wneud bale am dipyn, rwyt ti'n dysgu tri safle mwy anodd.

Y trydydd

Y pedwerydd

Y pumed

Hyd yn oed
gyda chamau anodd iawn,
mae traed y dawnsiwr yn
dechrau ac yn gorffen yn
y pumed safle.

Rwyt ti'n gallu rhoi
safleoedd breichiau a
thraed at ei gilydd
mewn gwahanol ffyrdd.

Mae traed y ddawnswraig
hon yn y pumed safle
a'i breichiau yn y
pedwerydd safle.

# Ysgol bale

Os yw bachgen neu ferch yn arbennig o dda am wneud bale, efallai y byddan nhw'n mynd i ysgol bale lawn amser.

I gael lle yn yr ysgol, mae'n rhaid iddyn nhw wneud prawf.

Mae'n rhaid bod ganddyn nhw'r union gorff cywir ar gyfer bale.

Yn yr ysgol, maen nhw'n gwneud gwersi arferol a llawer o ddawnsio hefyd.

Mae'r merched yn yr ysgol
bale hon yn ymestyn eu
coesau wrth y barre.

Fel arfer mae plant ysgol
bale'n byw yn yr ysgol
heblaw am adeg gwyliau.

29

# Geirfa bale

Dyma rai o'r geiriau yn y llyfr hwn sy'n newydd i ti, efallai. Mae'r dudalen hon yn rhoi'r ystyr i ti.

 balerina – merch sy'n dawnsio'r prif rannau mewn bale.

 meimio – actio drwy symud yn unig, heb ddefnyddio geiriau.

 arabésg – safle lle mae un goes yn syth yn yr awyr y tu ôl i'r dawnsiwr.

 ymarfer – paratoi at sioe drwy wneud y camau dro ar ôl tro.

 ar pointe – ar flaenau'r traed. Merched sy'n dawnsio ar pointe.

 barre – rheilen mae dawnswyr yn cydio ynddi mewn dosbarth i'w helpu i gydbwyso

 pas de deux – dawns i ddau. Mae dynion a merched yn ei gwneud gyda'i gilydd.

# Gwefannau diddorol

Os wyt ti'n gallu mynd at gyfrifiadur, mae llawer o bethau am bale ar y Rhyngrwyd. Ar Wefan 'Quicklinks' Usborne mae dolenni i bedair gwefan hwyliog.

Gwefan 1 – Edrych ar lawer o ffotograffau bale.

Gwefan 2 – Gwrando ar gerddoriaeth o fale *The Nutcracker*.

Gwefan 3 – Argraffu lluniau o ddawnswyr bale i'w lliwio.

Gwefan 4 – Gwylio dawnswyr bale'n gwneud camau.

I ymweld â'r gwefannau hyn, cer i **www.usborne-quicklinks.com**. Darllena ganllawiau diogelwch y Rhyngrwyd, ac yna teipia'r geiriau allweddol "beginners ballet".

Caiff y gwefannau hyn eu hadolygu'n gyson a chaiff y dolenni yn 'Usborne Quicklinks' eu diweddaru. Fodd bynnag, nid yw Usborne Publishing yn gyfrifol, ac nid yw chwaith yn derbyn atebolrwydd, am gynnwys neu argaeledd unrhyw wefan ac eithrio'i wefan ei hun. Rydym yn argymell i chi oruchwylio plant pan fyddant ar y Rhyngrwyd.

# Mynegai

# Cydnabyddiaeth

Gyda diolch i John Russell.

**Lluniau**

Mae'r cyhoeddwyr yn ddiolchgar i'r canlynol am yr hawl i atgynhyrchu eu deunydd:
ⓗ **Angela Taylor:** 5, 16; ⓗ **Arena PAL:** (Nigel Norrington) 8; ⓗ **Bill Cooper:** 1, 6, 10-11, 12, 13, 19;
ⓗ **Corbis:** (Kurt Stier) 17, (Paul A. Sounders) 21, (Annie Griffiths Belt) 22, (David Turnley) 23,
(Dennis Degnan) 31; ⓗ **Dee Conway:** 25; ⓗ **Eric Richmond:** 15; ⓗ **Getty Images:** (Frank Siteman) 24;
ⓗ **Linda Rich/Dance Picture Library:** 3, 7, 9, 14, 18; ⓗ **Photos To Go:** (Jeff Greenberg) 29.
Llun ar dudalen 27 gan Bill Cooper. Clawr blaen: Gillian Revie yn dawnsio yng nghynhyrchiad
y Bale Brenhinol o 'Les Rendezvous'. Llun gan Bill Cooper.
Gyda diolch i Gillian Revie a'r Bale Brenhinol.

Cyhoeddwyd gyda chefnogaeth Llywodraeth Cynulliad Cymru.

Cyhoeddwyd gyntaf yn 2003 gan Usborne Publishing Ltd., Usborne House, 83-85 Saffron Hill, Llundain EC1N 8RT.
Cyhoeddwyd gyntaf yng Nghymru yn 2010 gan Wasg Gomer, Llandysul, Ceredigion, SA44 4JL.
www.gomer.co.uk
Cedwir pob hawl. Argraffwyd yn China.

Anifeiliaid Peryglus

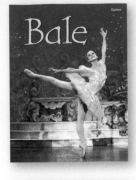

Bale

Byw yn y gofod

Ceffylau a Merlod

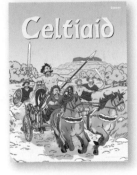

Celtiaid

Coedwigoedd glaw

Cŵn

Deinosoriaid

Dy Gorff

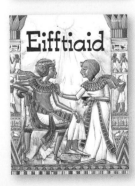

Eifftiaid